SUPERMARKT
Kirchturm
Gehweg
Kaufmann
Metzgersfrau
Kundin
Hydrant
Polizist
Eilig
Milchmann
A
Motorrad
Reifen
Gürkchenauto
Milchwagen
LUISENSTRASSE
LÖWENPLATZ
Straßenschild
POST
FEUERWEHR
Pfahl
Schild
7
Feuerwehrauto
Feuerwehrmann
Postauto

Die Originalausgabe „Richard Scarry's Best First Book Ever“
erschien im Verlag Random House, Inc., New York.
Für die deutsche Ausgabe:

Printed in Great Britain by
Purnell & Sons Ltd., Paulton (Bristol).
ISBN 3.7735.5075.8

Richard Scarry

Mein allerschönstes Lesebuch

Deutsch von A. v. Hill

Delphin Verlag

Familie Knolle

So sieht es frühmorgens bei Knolles aus. Papa, Mama, Ulrich, Ursula und Egon – alle schlafen noch. Egon darf als Freund öfters bei Knolles übernachten.

Es schlafen doch nicht mehr alle! Papa reckt und streckt sich bereits. Die Sonne ist ja auch schon aufgegangen.

Morgentoilette

Die Familie ist aufgestanden
und belagert das Badezimmer.

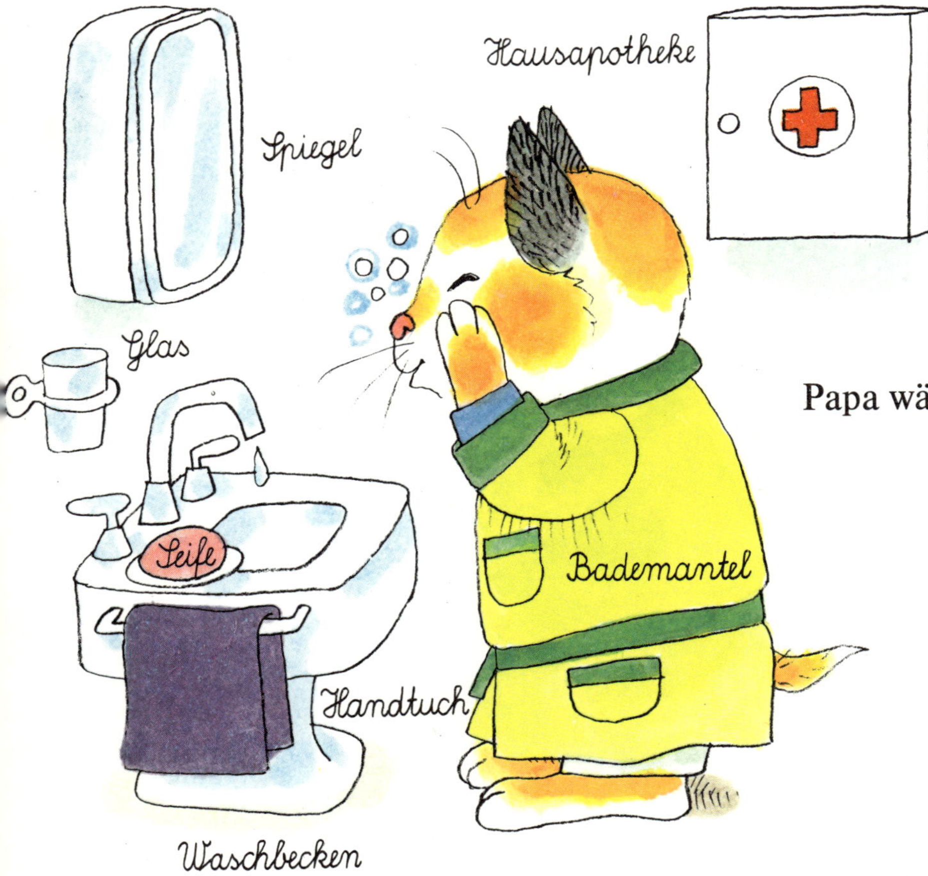

Papa wäscht sich.

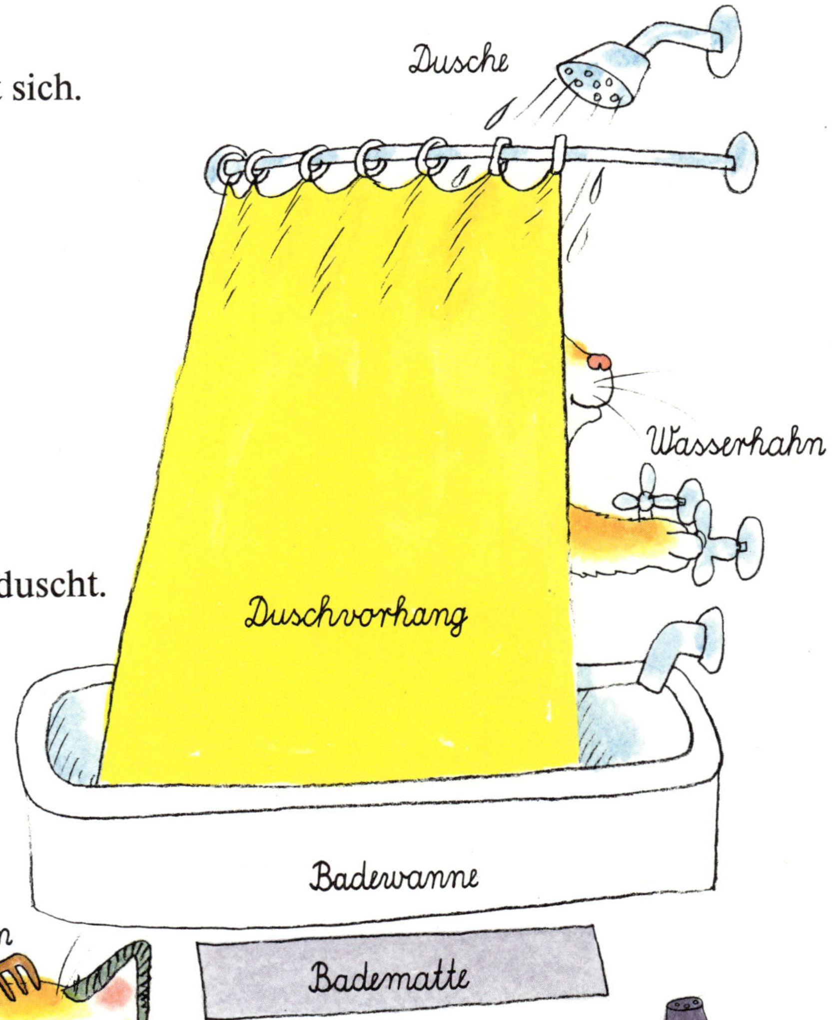

Mama duscht.

Ulrich putzt sich
die Zähne.

Ursula kämmt ihre Haare.

Egon steht auf der Waage.
Na, wie schwer ist er jetzt?

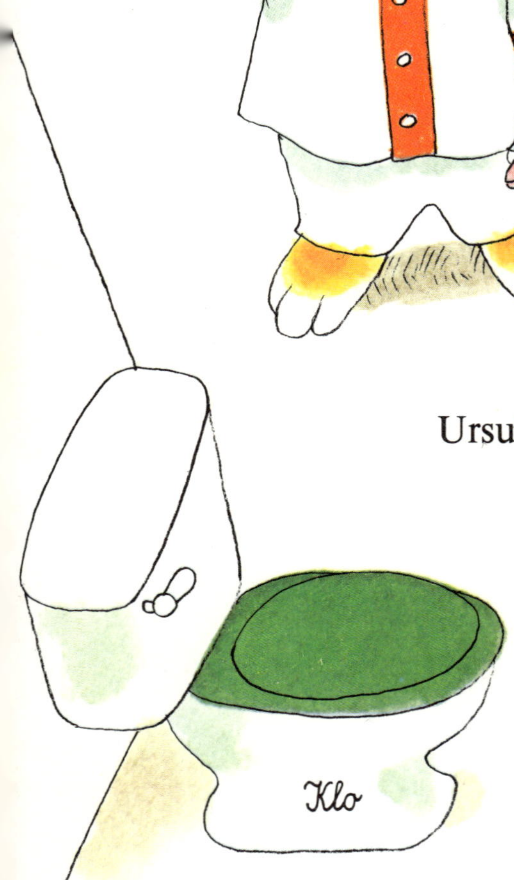

Danach ziehen sich alle an.

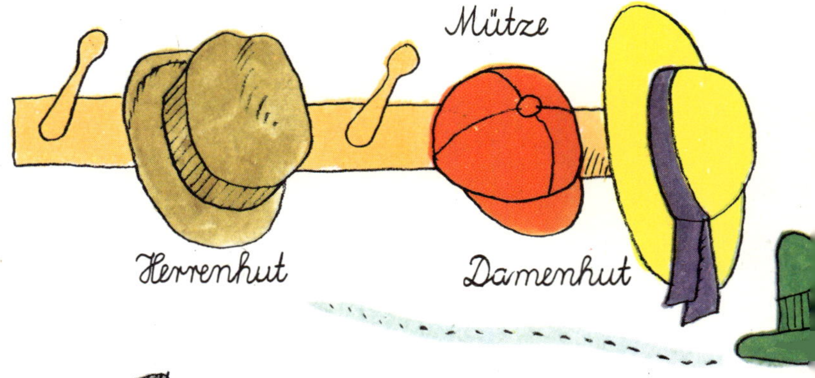

Papa trägt heute den blauen Anzug und bindet sich dazu seinen Lieblingsschlips um.

Ulrich hat ein gelbes Hemd angezogen und schlüpft in seine rote Latzhose.

Weil so schönes Wetter ist, zieht Ursula keine Hose an, sondern ihren neuen grünen Rock. Die Schuhe hat sie ganz alleine zugemacht.

Egon schnürt sich den Schuh zu.

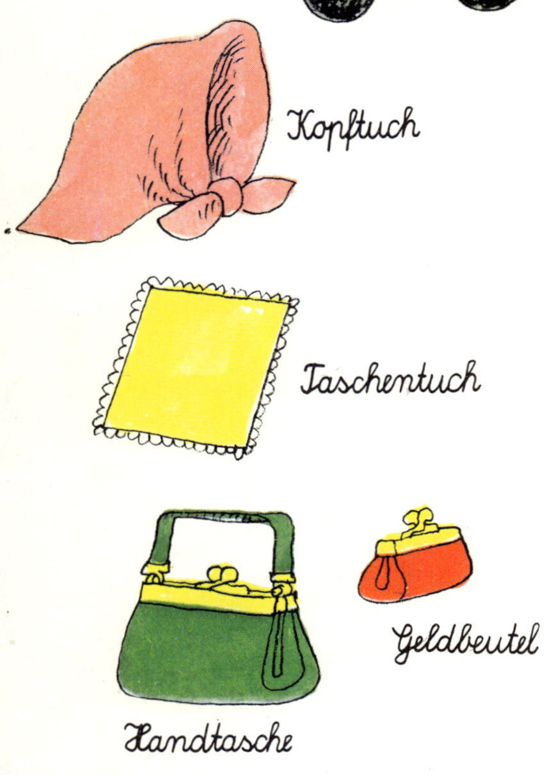

Mama fällt die Wahl am schwersten. Was soll sie heute anziehen? Sie entscheidet sich für Rock und Bluse.

Salatschüssel
Kühlschrank
Hängeschrank
Glas
Dose
Schachtel
Eiswürfel
Eier
Milch
Fleisch
Wurst
Tür
Käse
Flaschen
Salat
MAI
Milch
Brot
Butter
Uhr
Notizblock
Bleistift
Kalender
Kaffeekanne
Teekanne
Tiefgefrierfach
Gabel
Teller
Mop
Stuhl
Serviette
Zuckerdose
Messer
Löffel
Pfeffer
Salz
Tischtuch
Milchkrug
Schneeschläger
Reibeisen
Flaschenöffner
Schüssel mit Kornflocken
Schneebesen

Frühstück

Mama brät am Herd die Spiegeleier, Ursula paßt auf den Toast auf, Papa fängt schon an zu frühstücken, weil er so hungrig ist, Ulrich gießt Milch über die Kornflocken. Hilfe, Egon ist in die Schüssel gefallen! Ulrich fischt ihn aus der Milch und spült ihn am Wasserhahn ab.

Hausarbeit

Nach dem Frühstück helfen alle bei der Hausarbeit. Egon deckt ab, Papa wäscht das Geschirr. Vorsicht Egon!

Ursula fegt die Küche aus.

Ulrich hält seiner Schwester die Schaufel hin.

Mama hat Wäsche in die Waschmaschine eingelegt. Leider ist die Maschine ein bißchen undicht. Prompt rutscht Papa auf dem nassen Boden aus und fällt hin.

Ursula kommt schon gelaufen und wischt auf.

Egon hat die Betten gemacht. Jetzt ist er schon wieder sehr müde. Weil sein Bett so besonders schön glatt geworden ist, bekommt er Lust, sich nochmal für ein kurzes Schläfchen hinzulegen.
Papa ist mit dem hungrigen Staubsauger unterwegs. Der Papierkorb ist gleich leer! Ursula wischt Staub.

Ulrich kann sich den Weg bald sparen!

Mama näht ein neues Hemd für Egon.

In der Schule

Ulrich, Ursula und Egon gehen zur Schule. Fräulein Zuckertortel, die Lehrerin, setzt sich jeden Morgen als erstes ans Klavier und singt mit ihren Kindern ein Lied.

Erst dann fängt der Unterricht richtig an, mit allem, was man so in der Schule tut.

Herr Mahnig ist der Hauswart. Er sorgt dafür, daß die Schule ordentlich und sauber ist. Hoppla, da ist er auf einer Glasperle ausgerutscht!

Groß und klein

„Heute wollen wir Sachen miteinander vergleichen“, sagt Fräulein Zuckertortel. „Wir fangen gleich bei mir an.“

Ich bin groß. Kribs ist klein.

Herr Borstel ist dick.

Herrn Borstels Hut ist weder zu groß noch zu klein, er paßt genau. Wenn Herr Borstel ihn nur endlich wieder hätte!

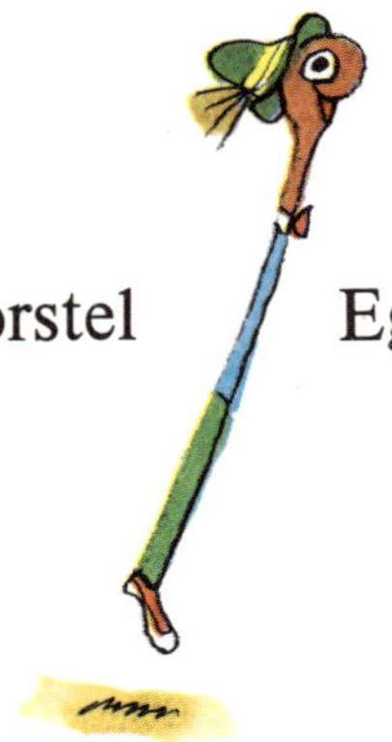

Egon ist dünn.

Margot hat eine kurze Nase.

Norbert hat eine lange Nase.

Norberts Beine sind gerade.

Es gibt breite Bücher und schmale Bücher.

Volkers Beine sind geknickt.

Raffael ist größer als seine Freundin Marlies.

Marlies ist kleiner als Raffael.

Hilda ist riesig.

Planierchen ist winzig.

Diese Mütze paßt.

Diese Mütze ist zu groß.

Allerlei Formen

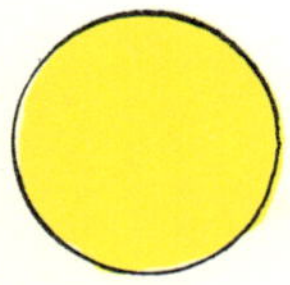

Das ist eine runde Form.

Uhren sind rund.

Die Sonne ist rund.

Egon spielt mit einem runden Ball.

Ein Luftballon ist rund.

Knöpfe … Münzen … und Räder sind rund.

Orangen sind auch rund.

Dies ist ein Quadrat.

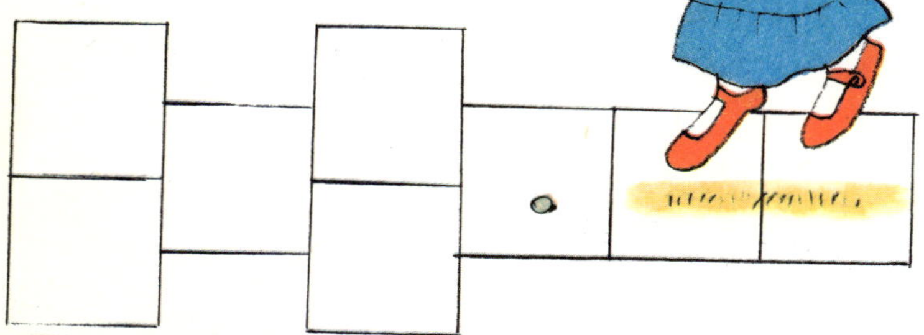

Ein Hüpfspiel malt man aus Quadraten.

Diese Würfel haben auf jeder Seite ein Quadrat.

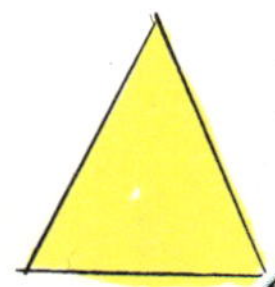

Ein Dreieck hat drei Ecken.

Das Fähnchen ist dreieckig.

Der Papierhelm ist zu einem Dreieck gefaltet.

Das ist ein Stern.

Wenn die Kinder etwas gut gemacht haben, bekommen sie von Fräulein Zuckertortel einen goldenen Stern.

So sieht ein Rhombus aus.

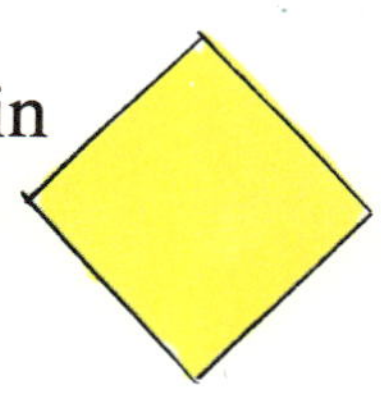

Die meisten Drachen sind ein Rhombus.

Das nennt man einen Kegel.

Eistüten sind auch Kegel. Man muß sie nur richtig halten – sonst ist es nichts mit dem Eisschlecken!

So ist oval.

Eier sind oval – solange sie heil bleiben.

Hier ist ein Herz.

Herzen kann man immer verschenken.

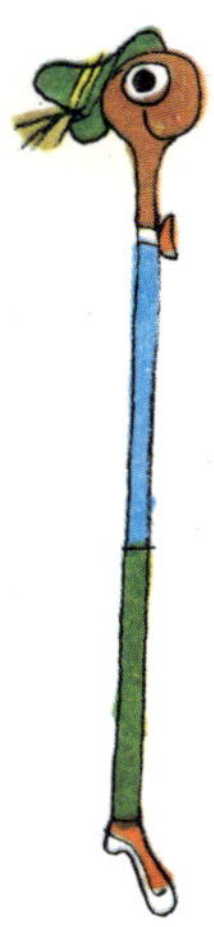

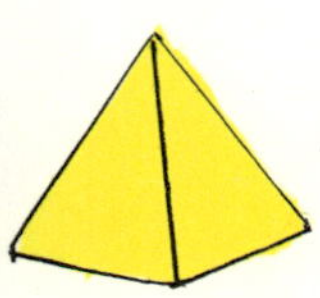

Diese Form heißt Pyramide.

Planierchen hat eine Pyramide aus Sand gebaut.

Egon macht auch ein paar Formen.

Er ist gewellt …

… oder gebogen …

… oder gerade

In der Pause

Die große Pause ist schön lang, da bleibt niemand im Klassenzimmer. Alle rennen zum Spielen hinaus auf den Schulhof.

Herr Mahnig schwingt sich hoch hinauf.

Eimer und Schrubber fallen tief hinunter.

Ursula hüpft mit dem Springseil.

Drei Kinder tanzen Ringelreihen.

Hier wird Bockspringen gespielt.

Zwei spielen Fangen.

Gerauft wird auch.

Zwei Mannschaften machen Tauziehen.

Fräulein Zuckertortel rutscht die Rutschbahn herunter.

Egon hat sich versteckt.

Drei Kinder halten sich bei der Hand und schauen beim Tauziehen zu.

Zwei sitzen in aller Ruhe in der Sandkiste.

Und Herr Borstel jagt immer noch seinem Hut nach!

Das Alphabet

Nach der Pause übt Egon das ABC.
Er kann es bald auch schon rückwärts.

Zählen

Papa und Mama haben die Kinder von der Schule abgeholt. Auf dem Heimweg müssen sie noch ein paar Besorgungen machen. Egon, Ulrich und Ursula zählen unterwegs alles, was sie sehen.

1 Ein schwankender Fensterputzer

2 Zwei eilige Polizisten

3 Drei adrette Straßenkehrer

4 Vier Schüler, die auf ihren Schulbus warten

5 Fünf fahrradfahrende Radfahrer

6

Sechs Maler, die alles blau streichen

7

Sieben Briefträger, die Post verteilen

8

Acht Einsitzerstiftwagen

9

Neun Taxifahrer

10

Zehn genau zielende Feuerwehrleute

Farben

„Ich mag nicht mehr zählen“, sagt Ursula. „Ich schaue lieber, was die Autos für Farben haben.“ Egon und Ulrich schauen mit.

Das Feuerwehrauto ist rot.

Bobbys Bananomobil ist gelb.

Der Schulbus ist orange.

Ein grüner Melonenlieferwagen.

Aus rot und gelb wird orange.

Aus blau und gelb wird grün.

Aus rot und blau wird lila.

Aus rot und weiß wird rosa.

Das Polizeiauto ist blau.

Der lila Traktor hat einen lila Anhänger.

Der Muldenkipper ist braun.

Schorsch fährt einen rosa Jeep.

Der grüne Hut.

Ein schwarzweißes Taxi

Ein regenbogenbunt bemalter Stiftwagen

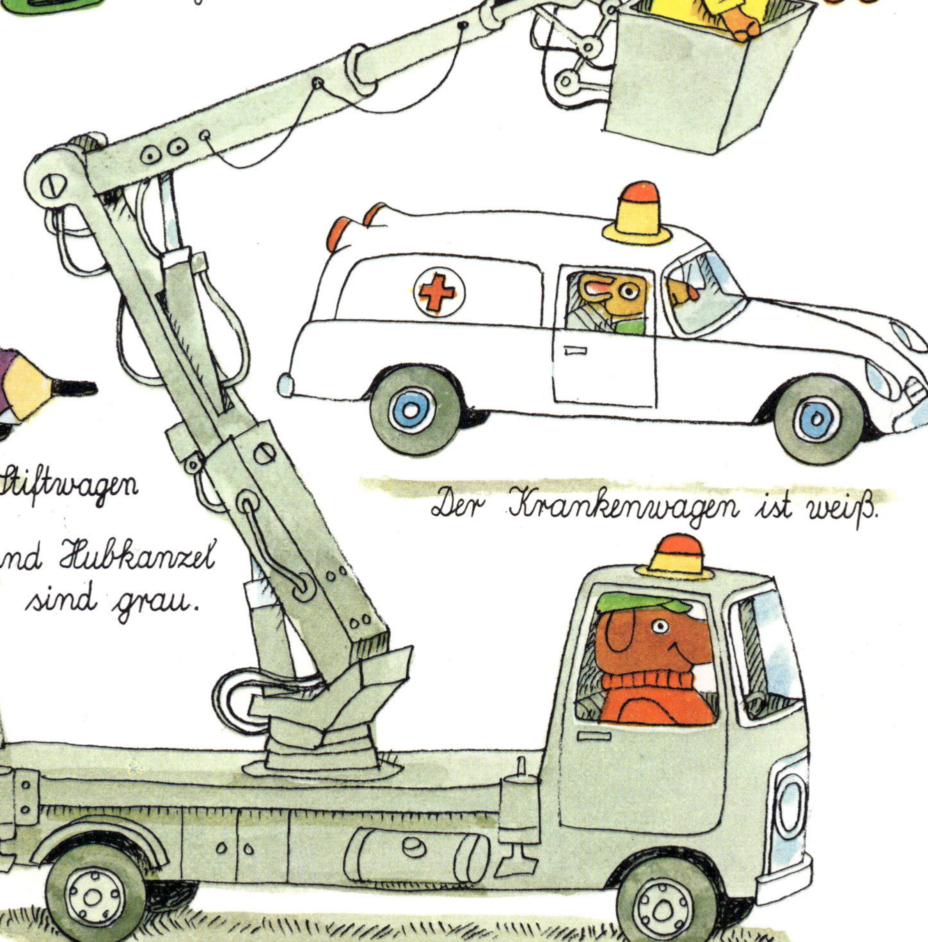

Der Krankenwagen ist weiß.

Laster und Hubkanzel sind grau.

Aus rot, gelb, blau
und schwarz wird braun.

Schwarz und weiß gibt grau.

Im Supermarkt

Zum Einkaufen im Supermarkt klettern auch die Kinder aus dem Auto. Papa holt Obst und Gemüse, Mama stellt sich beim Metzger an.

GEMÜSE
Kasse
Pfirsiche
Mais
Salat
Bohnen
Erbsen
Sellerie
Radieschen
Kürbis
Pflaumen
Tomaten
Rote Rüben
Mohrrüben
Gurken
Kohl
Zwiebeln
Rübe
Du lieber Himmel,
Herr Borstel!
Passen Sie doch auf!
Blumenkohl
Riesenkürbis
Nüsse
Kartoffelsack
Erdnußbutter
Ölsardinen
Senf
Saft
Ketchup
Spaghetti
Kekse
Kuchen
Eier
Rosinen
Marmelade
Dosentomaten
Honig
Eis
Oliven
Gelee
Einkaufswagen
Limonade
Käse
Salz
Zucker

Gutes Benehmen bei Tisch

Die Einkäufe werden im Auto verstaut, dann geht die ganze Familie Knolle noch ein Eis essen. Und wer sitzt am Nebentisch? Frau Grunz mit Pim und Pum.

Man reicht sich die Hand und sagt Guten Tag. „Wie geht's?“ erkundigt sich Mama. „Danke, gut“, erwidert Frau Grunz. „Wenn sich meine Kinder weniger streiten würden, ginge es mir noch besser.“

Egon hat den Hut abgenommen und sitzt ganz gerade.

Ursula sagt höflich: „Darf ich bitte die Waffeln haben?“

Ulrich bedankt sich, als die Kellnerin ihm sein Eis bringt.

Pim und Pum aber streiten sich, wer auf welchem Stuhl sitzen darf.

Egon ißt langsam und leise.

Pim schlingt ihr Eis schmatzend hinunter.

Pum hält sich nicht lange damit auf, höflich um die Waffeln zu bitten. Er langt über Pims Teller und kippt dabei das Saftglas um.

Frau Grunz unterhält sich mit Mama. Pim redet immer wieder dazwischen. Tut man das?

Pum schüttet seinen Saft hastig in sich hinein. Hemd und Hose bekommen auch noch etwas davon ab.

Langsam Pum, es nimmt dir niemand was weg!

Weil Ulrich auf seinem Eis mehr Kirschen hat als Ursula, gibt er ihr welche ab.

Pum klaut Pims Kirschen, als Pim nicht aufpaßt. Das ist wirklich gemein!

Pum hat heute seinen unartigen Tag. Jetzt fängt er an, mit dem Stuhl zu wippen.

Er wippt und wippt – und kippt auch schon! Voll Schreck packt er das Tischtuch …

… und mit einem Ruck ist der Tisch abgeräumt!

„Heute seid ihr wieder mal unausstehlich!“ stöhnt Frau Grunz verärgert.
„Ist das ein Benehmen?“
„Schade um das schöne Eis“, seufzt Ursula beim Hinausgehen.

In der Sprechstunde beim Arzt

Ulrich ist bei Doktor Beller zur Untersuchung angemeldet. Zum Glück muß er im Wartezimmer nicht lange warten und kommt gleich dran.

Er zieht sich aus und setzt sich auf das Liegebett. Dr. Beller will mit dem Hörrohr, das er Stethoskop nennt, Ulrichs Brust abhören. „Dein Herz schlägt regelmäßig und laut, Ulrich“, sagt Dr. Beller. „Nun atme mal tief ein.“

Egon hat sich bei Schwester Sina, der Arzthelferin, auf die Waage gestellt. „Du hast ja ordentlich zugenommen“, lobt Schwester Sina.

Ulrich wird gemessen. „Wenn du so weiterwächst, paßt du bald nicht mehr in mein Sprechzimmer. Sicher ißt du immer alles auf, was zu Hause auf den Tisch kommt“, staunt Dr. Beller.

Jetzt wird Ulrichs Sehkraft geprüft. „Ich kann alles auf der Tafel erkennen“, sagt Ulrich. Dr. Beller ist zufrieden. „Du hast gute Augen.“

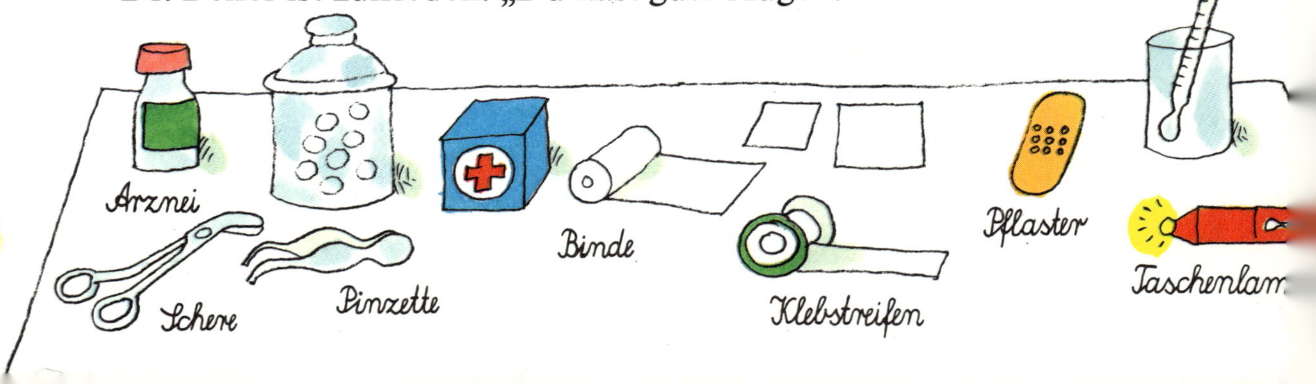

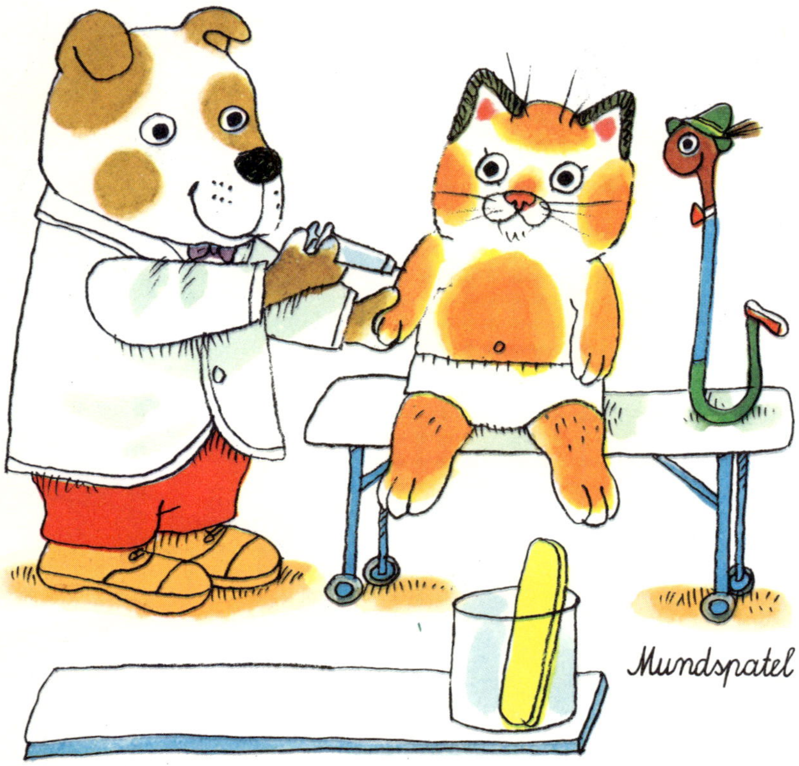

„Ich muß dich mit einer Spritze impfen", erklärt Dr. Beller. „Das sticht vielleicht ein bißchen und tut kurz weh." Es hat nur ein kleines bißchen weh getan.

Dann schaut Dr. Beller sich Ulrichs Hals an. Auch Egon muß den Mund weit aufmachen. „Sag mal A-a-a-a!"
„A-a-a-a!" sagt Egon.
„Einen schönen langen Hals hast du, Egon."

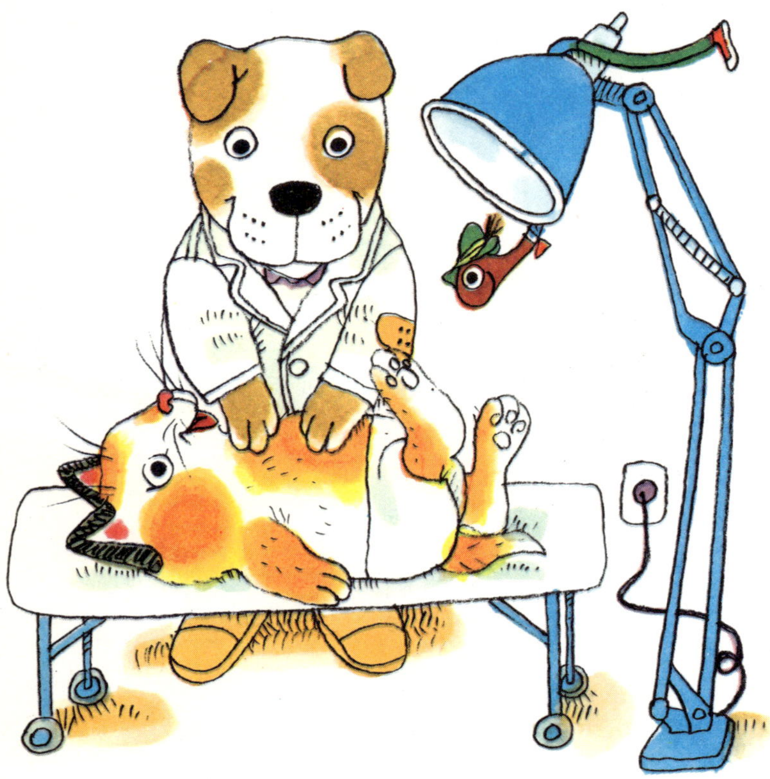

Zum Schluß muß sich Ulrich auf das Bett legen. Dr. Beller schaut ihm mit einer Taschenlampe ins Ohr und tastet seinen Bauch ab. „Das kitzelt", sagt Ulrich und lacht.

„Es ist alles in bester Ordnung, Ulrich, du bist ganz gesund. Jetzt kannst du dich wieder anziehen."

„Iß auch weiterhin immer alles, was deine Mutter kocht, damit du groß und stark wirst", sagt Dr. Beller zum Abschied.

„Auf Wiedersehen, Herr Doktor, und vielen Dank", rufen Ulrich und Egon und gehen.

Der Körper

Kopf
Haare
Ohr
Plakatkleber
Stirn
Finger
Hand
Auge
Gesicht
Nase
Wange
Handgelenk
Schnurrhaare
Zunge
Mund
Hut
Hals
Lippe
Zähne
Arm
Kinn
Schulter
Brust
Ellbogen

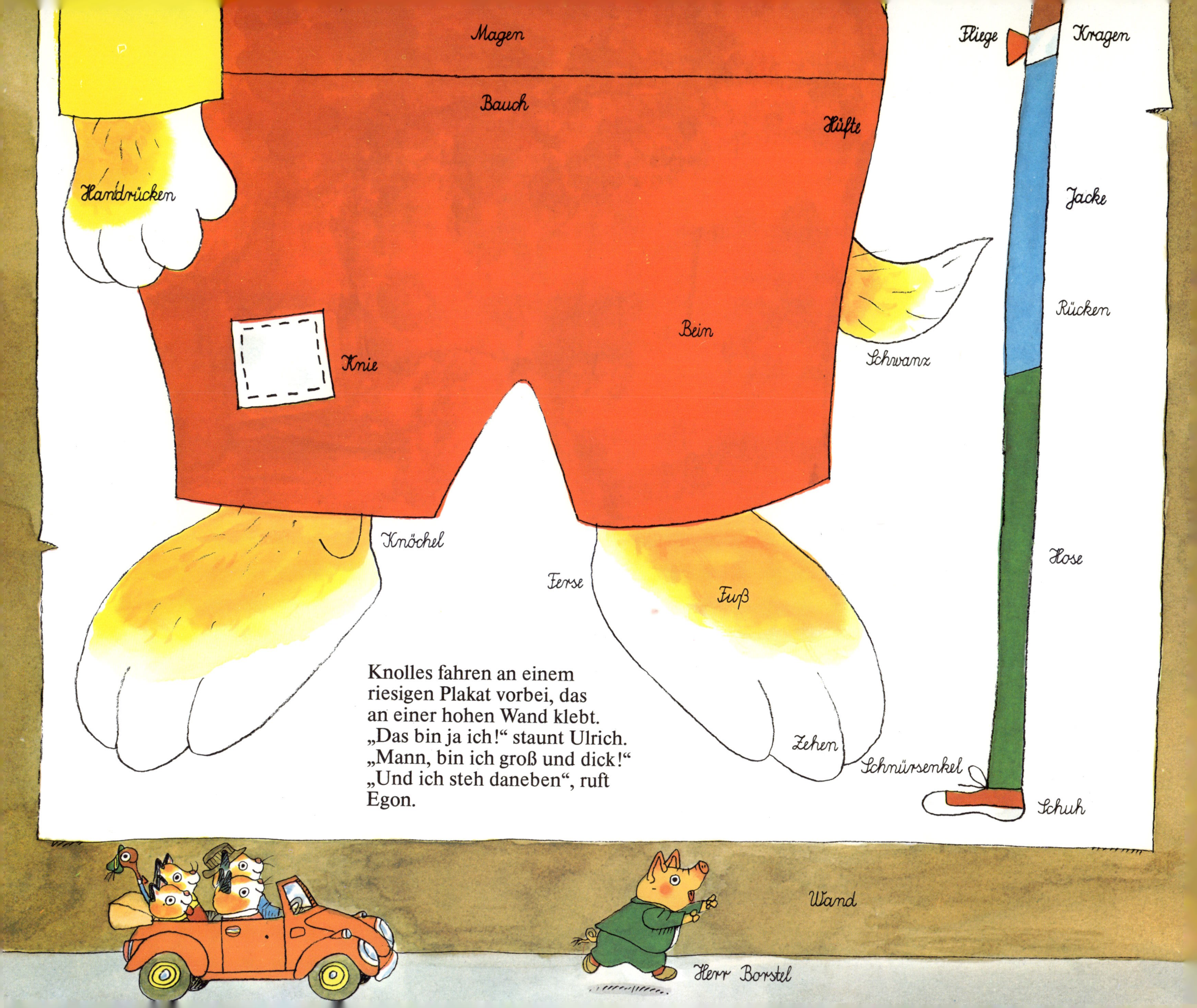

Knolles fahren an einem riesigen Plakat vorbei, das an einer hohen Wand klebt. „Das bin ja ich!“ staunt Ulrich. „Mann, bin ich groß und dick!“ „Und ich steh daneben“, ruft Egon.

Hubschrauber
Himmel
Wolke
Flugzeug
Berge
Bäume
Hügel
Wiese
Weizenfeld
Teich
Steinmauer
Gattertor
Vogelscheuche
Bienenhaus
Wetterfahne
Pflug
Traktor
Maisfeld
Futtersilo
Gemüsegarten
Heuboden
Hahn
Scheune
Zaun
Seil
Frontlader
Sichel
Hacke
Sense
Rechen
Mistgabel
Leiter
Sack
Faß
Henne
Herr Borstel
Küken
Ruderboot
Brücke

Bei Bauer Wutz

„Wollen wir nicht bei Bauer Wutz vorbeifahren und sehen, wie es so geht und steht?" schlägt Papa vor. Mama ist einverstanden. „Dann kaufen wir bei der Gelegenheit gleich noch Äpfel und Kartoffeln ein." Ulrich, Ursula und Egon freuen sich, denn auf Wutzens Hof ist es immer schön.

Frau Wutz ist zu Hause. „Wo sind denn alle ihre Kinder und ihr Mann?" fragt Papa. „Die müssen Sie im Hof und auf den Feldern suchen", lacht Frau Wutz. „Kommen Sie hinterher zu einer Tasse Kaffee, ich habe gerade einen Kuchen gebacken."

Wutzens Kinder

Wutzens viele Kinder helfen ihren Eltern nicht nur in Haus und Hof und Feld. Sie tun noch viel mehr, sie …

Egon schlängelt sich dahin.

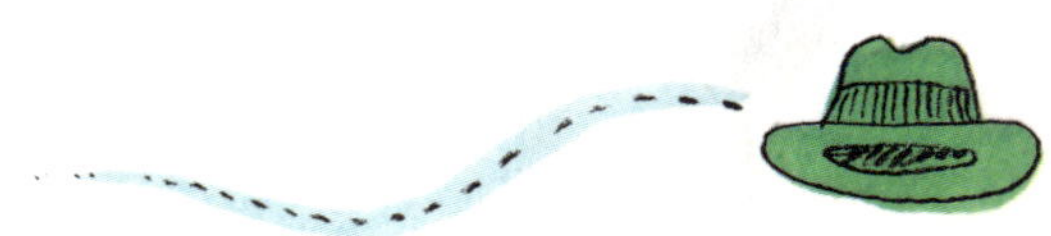

Und was tut Herr Borstel?
Herr Borstel hetzt immer noch hinter seinem Hut her.
Ob er ihn je wiederbekommt?

Am Hafen

„Laßt uns beim Fischmann am Hafen anhalten“, bittet Mama.
„Gerne“, sagt Papa, „da sind wir schon.“

Mama kauft frischen Fisch für das Abendbrot. „So, nun haben wir alles und können heimfahren“, meint sie. Egon, Ulrich und Ursula würden am liebsten hierbleiben, es gibt so viel zu sehen!

Kran
Anker
Rettungsboot
Frachter
Rauch
Feuer
Feuerwehrleute
Schlauchboot
Kapitän
Polizeiboot
Flagge
Feuerwehrboot
Autofähre
Dock
Motorboot

Am Bahnhof

Auf dem Heimweg müssen Knolles am Bahnhof vorbeifahren. Gerade, als sie kommen, gehen die Schranken herunter. Papa hält an und stellt den Motor ab. Zwei Züge fahren eben in den Bahnhof ein.

Bahnhof
SCHAFFENAU
FAHRKARTEN
1
Elektriker
Eisenbahnsignal
Güterwagen
Postsäcke
Dampflokomotive
POST
Diesellokomotive
Puffer
Gabelstapler

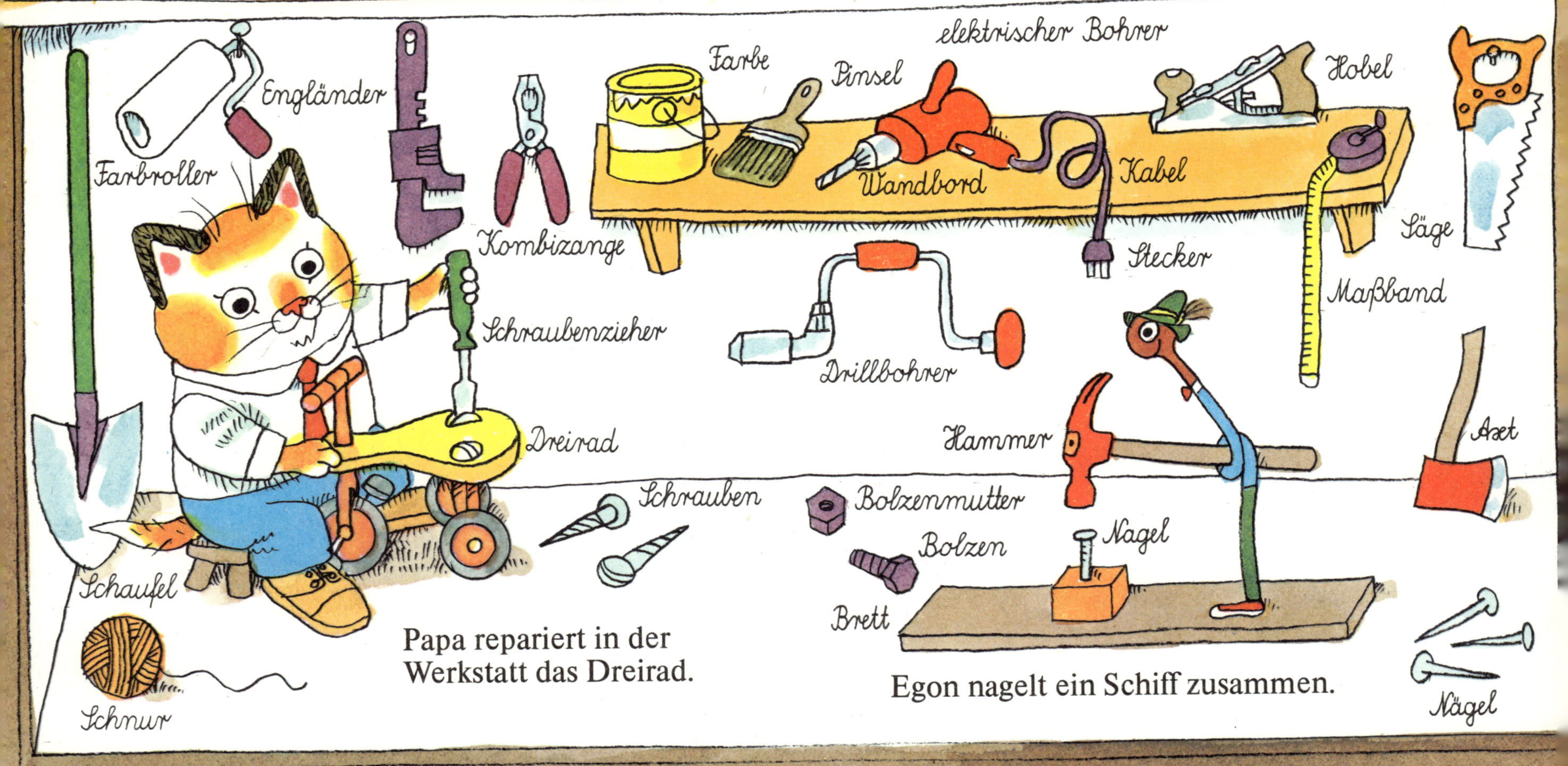

Papa repariert in der Werkstatt das Dreirad.

Egon nagelt ein Schiff zusammen.

Endlich sind Knolles wieder daheim.
Es gibt noch allerlei in Haus und Garten zu tun,
bevor es dunkel wird. Alle helfen mit.

Mama gießt die Blumen im Garten.
O je, sie gießt nicht nur die Blumen!

Ursula pflückt Blumen für die Blumenvase im Wohnzimmer.

Herr Reinicke von nebenan steht auf der Trittleiter und pflückt Äpfel. Er steht dort nicht sehr gut!

Herr Borstel ist immer noch auf der Jagd.

Wolf, der Nachbarsjunge, verdient sich sein Taschengeld mit Rasenmähen.

Ulrich sammelt das abgemähte Gras zusammen.

Wolfs Freund Hansi fährt die Komposterde auf die Beete.

Lustige Reime

Nach dem Abendbrot
müssen die Kinder ins Bett.
Vor dem Einschlafen liest
Papa aber immer noch
etwas vor.

Tommi hat ein Schwein gestohlen,
Hans, der Bäckerbursch aus Wohlen,
fängt entsetzlich an zu johlen,
droht, ihn gräßlich zu versohlen,
wenn's gelingt, ihn einzuholen.

Wenn es trieft und tropft
und aufs Regendach klopft,
und der Wind dazu geigt,
und das Wasser steigt,
bleibt man lieber zu Haus
mit Mann und Maus.

Hans sei flink,
Hans sei schnell,
spring über die Kerze,
auf der Stell!

Herr Spillerichs Magen
kann Fett nicht vertragen.
Doch Frau Spillerunde
verdrückt viele Pfunde
von Fleisch und von Fett.
Ist sie nicht nett?

Am Sonntag im Mai
aß Fräulein Marei
auf der Wiese den Brei.
Da kam eins-zwei-drei
eine Spinne vorbei,
das gab ein Geschrei
von Fräulein Marei!

Hans und Hilde klettern schnell
den Berg hinauf zum frischen Quell.
Sie füllen ihren Eimer voll
und hüpfen abwärts dann wie toll,
bis sie bald gräßlich stolpern,
kopfüber runter holpern.

Der kesse und verwegene Matz
gibt allen Mädchen einen Schmatz.
Doch die Mädchen weinen,
denn sie wollen keinen!

Was hat Herr Borstel
endlich wieder
auf dem Kopf?

Für heute ist's genug. Papa klappt das Buch zu. Das war ein langer Tag! Alle sind schön müde.
Psst, Mama ist schon eingeschlafen!

Gut Nacht,
schlaf sacht,
bis morgen früh um acht
die Sonne wieder lacht.

Zwölf Monate hat das Jahr

Januar

Im Januar ist Winter
zum Rodeln für die Kinder.

Februar

Weil bald schon ist der Frühling da,
schenkt Herzen man im Februar.

März

Und wenn im März der Wind wild tut,
dann haltet fester Mütz und Hut.

April

Das Wetter macht dann im April
noch mehr als sonst wohl, was es will.

Mai

Der Mai bringt Blumen, die ich mag,
die schönsten für den Muttertag.

Juni

Ein Juni-Sonnentag verlockt,
daß man nicht in der Stube hockt.